LE

DESPOTISME,

EPITRE

A M. DE VOLTAIRE,

Par un Auteur Dramatique.

LE DESPOTISME,

EPITRE

A M. DE VOLTAIRE,

Par un Auteur Dramatique.

ON Général par excellence,
Au bas Parnasse un Poëte allaîté,
Qui te feroit son humble remon-
    trance,
Seroit-il sûr d'être écouté ?

Depuis dix lustres que la France
Se fait honneur de tes Ecrits,
Indépendant, au sein de l'abondance,
Ne peux-tu dans ta résidence,
Bornant ta gloire, en savourer le prix ?

Le comble des honneurs eſt de n'en plus prétendre;
Depuis long-tems , ce beau droit eſt le tien ;
Veux-tu finir en Poëte chétien ?
Il n'eſt pour toi , qu'un parti ſage à prendre.

Pourvû d'argent & de gloire à ſouhait ,
Crois-moi, ne romps point en viſiere
Des Nouriſſons , qui , d'un vol indiſcret ,
Veulent entrer dans ta carriere.
Que peut-il manquer à ton nom ?
N'as-tu point dans dix-ſept volumes ,
En Proſe , en Vers , & de toute façon ,
Produit l'ouvrage de vingt plumes ?
A tous les coins ton triomphe eſt marqué ;
Il fera honte à tous les âges :
Et de ton ſçavoir diſſéqué ,
L'on feroit ſix grands perſonnages.

Dans les faſtes de Mars tes faſtes confondus ,
La palme du Guerrier n'ombrage point la tienne,
Un grand homme, un Héros, qu'exige-t'il de plus,
Qu'honoré de ſon ſiécle , un autre s'en ſouvienne ?
Ainſi, trêve aux beaux vers , que chacun à ſon tour
Puiſſe dramatiſer , courtiſer Melpomène ;
En politique , en vers , comme en amour,
Trop de crédit mériteroit ſa peine ;
L'oſtraciſme, voilà ce qu'il faut mettre au jour,
Pour mettre un frein à ta verve inhumaine :

» Tu voudrois donc m'exiler ? Je le fuis.

Bon Dieu, ce n'eſt pas toi que je veux qu'on éxile,

Je voudrois feulement, que tes doctes écrits,

Dont pour un que l'on cherche, il s'en préfente
    mille,

Ne puſſent de dix ans, ſe montrer dans Paris,

Et qu'on te réduiſit à t'admirer toi-même.

   Quels vœux ! mon délire eſt extrême ;

  De tems en tems, ſi ton vieil Apollon

Ne nous donnoit de ces vers... que l'on aime ;

Qu'aurions-nous à Paris d'agréable & de bon ?

Eh ! bien, fais donc, puiſqu'il faut que tu faſſes,

   Et ſois juſqu'au dernier moment,

    Le Poëte du ſentiment ;

    A ce partage, joins les graces,

   La fiction, la force & l'enjouement,

  Je le veux bien : mais te nommant Voltaire,

Si ton lot en lauriers te paroît trop petit,

   Sais-tu compter ? Laiſſe-nous faire ;

Tous nos écarts tournent à ton profit.

   Ce raiſonnement, s'il eſt juſte,

Te dit donc... Car enfin, ne ſe pourroit-il pas

Que de chêne orgueilleux, devenu foible arbuſte,

   Tu fiſſes des Agéſilas ?

   Qu'imitateur du grand Corneille,

      A iij

On t'attendit aux Attila ?
Que tandis qu'au Parterre
On s'écriroit merveille,
Entre-nous étourdis, nous criaſſions hola !
Mais tu n'as rien des glaces de ton âge ;
Tancréde, en qui j'avois mis mon eſpoir,
Tancréde que ſix fois, je fus tenté de voir,
D'Alzire & de Mérope emporte le ſuffrage ;
Aménaïde, j'en conviens,
Miſe au creuſet de la grande Prêtreſſe,
Par le rôle & le jeu, doublement intéreſſe :
Des vers d'autrui, Clairon en fait les ſiens,
Tant à bien dire elle a d'adreſſe ;
Jugeons par-là, qu'Auteurs, Acteurs entre eux
Peuvent s'aider, ainſi que ſe détruire ;
Qu'en de mauvaiſes mains un beau rôle eſt affreux,
Et qu'on dit toujours mal, quand on n'a rien à dire.

D'Acteurs & de talens ſans trop m'embarraſſer,
Laiſſons Tancréde, & finiſſons l'Épitre :
On dit mon Maître, & je n'oſe y penſer,
Que du Théâtre, & l'honneur & l'arbitre,
De trois Drames nouveaux tu le vas renforcer :
Te l'avouerai-je ? Une frayeur ſecrette
Au même inſtant que je l'appris,
Comme ſi le Tonnerre eût menacé ma tête,
S'empara de tous mes eſprits :

Quel homme! m'écriai-je,& quel foudre tragique!
Son repos, ses plaisirs, quand les prend-il enfin ?
    Historien, Poëte Épique,
  Le verrons-nous Moraliste & Comique,
  Sans commencement & sans fin ?

    En vérité, c'est bien la peine
De sécher sur les Grecs pour y prendre un sujet ;
  De faire un Plan, d'inventer une Scene,
  De la nouer d'intrigue & d'intérêt ;
  D'impiétés de larder nos maximes,
D'employer au hazard la terreur & l'horreur,
D'énerver les vertus, d'enchérir sur les crimes,
  Pour attenter aux poulmons d'un Acteur :
  Nous avons beau relever par la plume
    Les Héros de notre façon,
Les décorer d'habits que l'on nomme Costhume,
    Et les barder jusqu'au menton ;
    Sans connoître un mot de tactique,
Faire en bon ordre avancer des soldats,
    N'offrir que siéges, que combats,
    Tant nous aimons la méchanique ;
  Nous avons beau, de carnage altérés,
  Faire venir des poignards d'Angleterre ;
  Quand nous nous sommes égarés,
  Faire à propos éclater le Tonnerre ;
  Substituer les cris au sentiment,

Tout immoler aux beautés de tapage ;
De Ciel, de Dieux, d'Hélas, chevillant un ou-
vrage,
Sans avoir rien nóué, forger un dénouement :
Suppoſer quelque chef & des ſoldats d'élite,
Qui ne ſont point du parti d'un brûtal,
Qui, pour un coup d'éclat, ou quelque heureuſe
fuite,
Réſervés dans un coin attendent le ſignal :
Derriere un roc, ou dans une anſe,
Avoir toujours quelques vaiſſeaux tout prêts,
Où l'on embarque l'innocence,
Et renverſe de grands projets ;
Ne point manquer d'introduire une lettre,
Dont le ſens double & jamais conteſté,
A l'appui d'un ſoupçon, d'un ſonge, ou d'un peut-
être,
Sera pris du mauvais côté :
Pour amener une reconnoiſſance,
Ne point placer un Héros ſous ſon nom,
Faire qu'après deux ans d'abſence,
Vieilli, barbu, ſans nulle reſſemblance,
Il ne ſoit plus connu dans ſa maiſon :
Par un effort de l'Art, étouffer la nature ;
Forcer les ſituations,
Au ſimple préférer l'enflure ;
Sans les ſentir, peindre les paſſions :

Préfomptueux, bravant l'orage,
　Vouloir traiter de vieux fujets,
Par un défaut ou principe d'ufage,
　Pour un beau rôle, en faire fix mauvais :
　Prouver fur-tout, que Corneille & Racine
Ne feroient que des fots en ce fiécle favant ;
Que leur intelligence étoit moins que divine,
　Puifqu'aujourd'hui nous faifons autrement ;
　Que de leur tems, la Tragédie,
　Foible & timide, étoit fans mouvement ;
　Après l'avoir des regles affranchie,
　Enfanglantée & refroidie,
Nous reçoit-on ? Ce n'eft qu'en rechignant.

　Moi qui te parle, & de mes camarades,
　　(S'il en peut être entre Ecrivains)
Prenons mille biais, jouons cent mafcarades,
　Pour arriver à pas lents à nos fins.
Serai-je lû bien-tôt ? Quand ferai-je à l'étude ?
Tel Acte eft refondu, voudroit-on le revoir ?
　Tout ceci poliment s'élude ;
Le Semainier fait tout, & ne veut rien favoir.
Encor, que trouve-t-on à redire à ma Piéce ?
J'y deftine à Clairon un rôle de fierté,
　Bien raifonné, plein de fineffe,
　D'ironie & de dignité.
　J'y fais Gauffin tendre comme elle-même.
Un fecond Nicomede y provoque Grandval.

Dumefnil y fera violente à l'extrême ;

   Son rôle eft fublime , inégal.

Le récit de Dubois fur-tout eft admirable.

De Gardes, de Licteurs, les coins feront remplis,

Il vous en coûtera deux mille écus d'habits,

   Et tout ceci n'eft point recommandable ?

   » D'accord, Monfieur, vous avez du talent ;

    » Votre Piéce eft une merveille :

» Le ftile en eft pompeux, & le plan excellent,

» Elle eft en tout , digne du grand Corneille,

   » Mais Clairon voudroit des couplets.

   Ce n'eft qu'un mot , que ne me parle-t-elle ?

   » Le rôle de le Kain paroît froid. Bagatelle;

De la chaleur le Kain fera les frais.

    » Dumefnil n'eft point mécontente ;

    » Mais Brizart murmure tout bas ;

» Hus affure très-fort qu'elle eft votre fervante,

» Et que dans votre Piéce elle ne jouera pas.

   J'avois befoin d'une femme jolie ;

   Elle refufe ? il l'a faut retrancher.

    Parlons de Brizart , je vous prie,

   Quelles raifons a-t-il de fe fâcher ?

   » Il dit, Monfieur, que ce vieillard auftere

   » Froid raifonneur , ne fait que fermoner.

Raifonneur ? Eh ! mon Dieu, qu'il n'ait plus de

   colere ;

   Nous le ferons déraifonner.

» L'auriez-vous crû ? Les Confidens
» Tirent le nerf, craignent de faire rire.
Ils y font faits ; d'ailleurs, voudroit-on que ces gens
Euffent le fens commun, fuffent intéreffans,
Quand mes Héros n'ont rien à dire?
Quant au plan, vous le trouvez bon ?
» Très-bon affurément, mais non pas fans reproche.
Que penfez-vous de l'expofition ?
» Qu'elle fatigue & par fois cloche.
L'Acte qui fuit, comment le trouve-t-on ?
» Affez bien fait, mais froid de ftile,
Le troifiéme ? » Fort embrouillé.
Le quatriéme ? » Chevillé.
Le Dénouement ?» comique, & d'une main habile;
» Et cependant, nous ne faurions douter
» Qu'un autre Plan, de nouveaux caracteres,
» Que vous pliant à des loix plus févéres,
» Ce ne fut un Drame à vanter ?
Vous le voulez? J'en aurai le courage;
Et je vais commencer par là :
Il m'en coûte fi peu de refondre un ouvrage,
Que dans trois jours vous aurez tout cela;
Vous pouvez l'annoncer. » N'en prenez point la peine :
» Vous avez l'an pour vous y préparer :
» Voltaire tout ce tems, doit occuper la Scene;

» Ainſi , vous , vos pareils pouvez-vous retirer ;
Point de tour qu'après lui , point d'excuſe qui
    tienne.

   Eh ! bien , mon Maître, es-tu bien convaincu
Qu'interrompre ta gloire , eſt un faux héroïſme ?
    Et que ton pouvoir abſolu
    Peut s'appeller un Deſpotiſme ?
    Tu triomphes, tu t'applaudis ,
    Que tout céde au nom de Voltaire ;
    Ignores-tu que dans Paris ,
De nos calamités , nous te nommons le pere ?
    Dis-moi, le plaiſir d'être lû
    Qui te dit ſans ceſſe d'écrire ,
    Ne peut-il être combattu
    Par la fatalité de nuire ?
   Que voudrois-tu que fît un pauvre Auteur ,
    De qui l'honnorable indigence ,
    Attend tout d'un ſuccès trompeur,
    Lorſque tu vis dans l'abondance ?
Qu'il remît à ſix mois le beſoin de dîner ?
Et que ſous les haillons de l'hiver le plus rude
    De tout l'Été n'oſant déſarçonner,
    Trotât Pégaze, & ſe nourrît d'étude ?
    Eh ! quoi , n'as-tu pas à rougir ? . . .
    » Mais à Paris , mieux qu'en province,
   » Un bon crédit que l'on fait s'établir,
   » Vient au ſecours du Poëte & du Prince :
» Si le crédit ruine , au moins fait-il jouir.

C'eſt bien l'entendre ; mais mon Maître,
Pour écorner dignement l'avenir,
Il faut du moins être ſûr d'acquerir.

» Pour ne point payer , faut-il l'être ?
   » Voilà les riſques que j'y vois ;
» Dans un Etat, s'il n'étoit de coupables
  » Que les Poëtes inſolvables,
» Il ſeroit beau de les ſouſtraire aux loix ;
  » Ils feroient peu de miſérables.

  Je t'en crois ; la difficulté
  N'eſt point de prolonger ſes dettes ;
  Au même inſtant qu'on les a faites ,
Ce droit devient de toute immenſité ;
  Notre embarras eſt de les faire :
Comment veux-tu que ſans biens, ſans contrats,
  Vêtus, Dieu ſait, & portant mine auſtere,
  Que ſous le nom de faiſeurs d'Almanachs,
  Nous perſuadions la Lingere ?
  Quand on verra la corde à nos habits,
  Qu'à la façon on pourra reconnaître
Qu'on les fit en tel an, qu'on les doit à tel Maître,
  Eſt-il Tailleur aſſez ſot dans Paris,
Pour nous couvrir à neuf, & goûter un peut-être ?
Eprouve , ſi tu veux, de changer de quartier :
  L'Adam, ſecond que tu croiras ſéduire,
  Se trouvera compere du premier,
  Ton nom t'échappe, il ſe retire.

De nos prétentions fatalement déchus,
Pour en former ailleurs, dis-moi, quel parti pren-
   dre ?
   Celui que prit l'Auteur de Regulus ?
Présenter des billets signés Germanicus ;
Et des droits sur nos vers, tant qu'ils peuvent s'é-
   tendre ?
   Le bon papier, & le bel Endosseur !
Ah ! si de tels effets, un jour il se peut faire,
   Qu'un seul homme soit possesseur ;
   Cela feroit un courageux porteur,
   Plûtot qu'un riche Actionnaire.

   D'ailleurs, est-il quand on vit de crédit,
   Existence plus incommode ?
   Que sur le corps on vous mette un habit,
Il n'est jamais trop grand ni trop petit,
Et la couleur en est toujours de mode :
* Valier pour vous, ramasse ses graillons ;
Chaussure étroite ou large, il faut la prendre,
   Si votre soif jusqu'au vin peut s'étendre,
Le Marchand par faveur, vous fait boire ses fonds.
Je dis plus, si l'amour ou le libertinage,
   Vous entraîne en de mauvais lieux ;
   Assurez-vous de trouver au passage
   L'épouventail du béguinage,
   Et la Doyenne aux traits hideux :

---

* Valier Traiteur, rue des Boucheries St. Germain, au
Jardin Royal.

Heureux encor, si par un vieux caprice,
L'Abeſſe de céans vous réſervant ſon cœur,
Ne vous contraint au double ſacrifice,
De goûter un plaiſir factice,
Et de rimer en ſon honneur.

Pleins de ſoucis, rongés d'inquiétudes,
Penſes-tu qu'avec goût, nous puiſſions travailler ?
Rien ne diſtrait de nos études,
Comme des dettes à payer :
Et cependant, il eſt prudent d'en faire ;
Car un Auteur, qui de ſes créanciers
Pourroit compoſer un Parterre,
Seroit plus ſûr de ſes lauriers,
Qu'un Prédicant de l'honneur de ſa Chaire.

Pour moi, qui crains d'en manquer au beſoin,
Garçon prudent, j'ai déjà pris la peine
D'en amonceler pour un coin,
Qui ſera le coin de la Reine.
Ce ſont des gens. — Dieux quels poignets !
Deux de leurs bras en valent quatre ;
Mon Frotteur, mon Batteur de plâtre,
Mon Porteur d'eau, tous auront des billets :
Hommes Lettrés, & connoiſſeurs en ſtyle,
Ils m'ont promis, duſſent-ils y dormir,
De célébrer la Piéce, & d'y bien applaudir,
Si cela n'eſt point difficile.

» Applaudir, où Monfieur ? où vous n'entendrez
rien :
Mes enfans, faites-vous une fois violence,
Sachez, qu'en fait d'efprit & d'éloquence,
Ce qui ne s'entend pas, eft bien.
» Faut-il claquer avant que l'on commence ?
Non pas ; mais mon valet, à demi bel efprit,
Qui lit Monfieur Hebdomadaire, *
Vous fera figne du Parterre ;
Ce guide eft sûr, & va bien qui le fuit.

Infenfé ! quel efpoir m'anime ?
Voltaire, où vais-je m'égarer ?
Sur l'Hélicon dont tu parcours la cîme,
Reptiles vains, pouvons-nous nous montrer ?
Jufqu'à ce qu'affoibli par l'âge,
Tu ne fois plus le pere des beaux Vers,
Que de tes nouveautés fe laffe l'Univers,
Je perdrai mon crédit, ou je perdrai courage.

---

* Ce Garçon s'étoit mis dans la tête que Hebdomadaira
étoit un nom d'Auteur.

FIN.